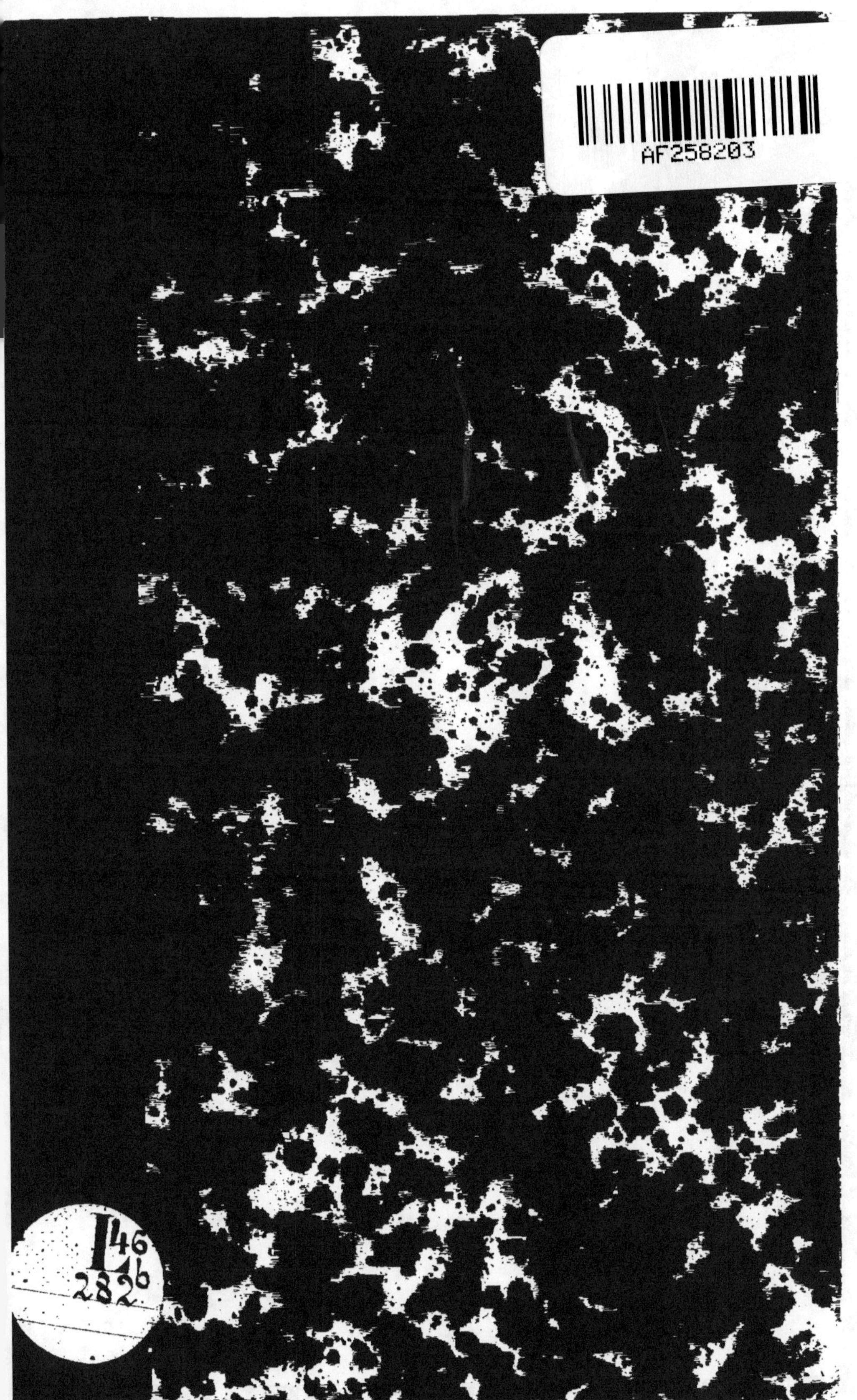

APPEL

AUX PROMESSES

DE L'EMPEREUR.

IMPRIMERIE D'A. BERAUD,

RUE DU FAUBOURG SAINT-MARTIN, N°. 70.

APPEL

AUX PROMESSES

DE L'EMPEREUR;

Par le Chevalier Henri de LACOSTE,

Ex-député du Gard au Corps législatif, membre de la
légion d'honneur et de l'ordre impérial de la
réunion.

PARIS,

CHEZ CHAUMEROT JEUNE, LIBRAIRE, PALAIS-ROYAL.

MAI 1815.

APPEL
AUX PROMESSES
DE L'EMPEREUR.

LORSQUE les souverains de l'Europe croient
toucher au moment où s'accomplira l'horrible
prophétie de l'anglais Burcke, et rayer la
France du tableau du monde, c'est trahir la
cause de l'honneur et de la patrie, que de
garder un pusillanime silence, que de dissimuler au chef de l'Etat, à celui qui fait
notre force, en qui réside notre espoir, les
dangers des demi-mesures, les fautes de ses
conseillers, et les maux qui en résulteront.

Placés entre le malheur de prêter des armes
à ceux qui ne feignent de se rallier aux cou-
leurs nationales que pour entraver les efforts
des amis de la liberté, et le danger d'irriter
les faiseurs du jour, nous devons nous armer
à la fois de prudence et de courage, ne rien
dissimuler, ne rien taire, mais aussi ne rien

exagérer. Animés par les plus purs motifs, au moment d'une crise terrible et inévitable, nous ferons un appel aux promesses de l'Empereur.

O Napoléon! Lorsque *tu détronas l'anarchie*, lorsqu'après avoir franchi sur l'aile de la Victoire l'intervalle qui te séparait du trône, tu t'assis, salué par nos acclamations unanimes, sur le siége des Césars : tes pensées furent pour le bonheur de la France. Grand de ta simplicité, de ton austérité même, tu croyais possible l'alliage des formes constitutionnelles avec l'éclat et la durée du trône. Mais ni nous, ni toi n'étions encore assez mûrs : si nous avions parcouru les phases sanglantes de notre révolution, il nous restait à apprendre ce que la liberté publique avait à redouter de celui que d'héroïques exploits et les plus étonnans succès placèrent au-dessus de l'humanité. Nous devions, subjugués par ton génie, concourir à forger nos fers, oublier pour ta grandeur la grandeur publique, être fiers de tes droits et de la perte des nôtres!

Eh! comment aurais-tu résisté à ce concert unanime de flatteurs qui exagéraient, par leur vile complaisance, jusques à tes propres pensées. Tu craignais, a-t-on dit depuis, la vérité;

mais quelle voix courageuse s'est élevée pour te la faire entendre? D'excès en excès, tes perfides conseillers, les dépositaires infidèles de la liberté publique, creusèrent l'abîme sous tes pas; tu tombas, parce que tu n'avais point mis ton appui dans la nation; parce que tu méconnus ou dédaignas les institutions nationales.

Exilé sur les rochers de l'Ile d'Elbe, quel pénible retour tu as dû faire sur toi-même! Mais que dis-je? N'emportais-tu pas avec toi les nobles adieux de ces braves, qui te furent fidèles jusques au dernier moment, et le souvenir consolant de ces acclamations populaires, qui saluèrent encore Auguste déchu? Tout, jusques aux fureurs de l'ardente Provence, n'attesta-t-il pas, à cette époque, la reconnaissance publique, ta force passée, et l'espérance qui te suivait à travers les mers.

Lorsque les vents t'apportaient les gémissemens de la France; lorsque chaque jour les erreurs et les fautes des Bourbons t'annonçaient le besoin que nous avions de ta présence, et ton prochain retour; lorsqu'enfin tu confias à la mer César et sa fortune, tu te promis, sans doute, le bonheur de ce peuple qui avait perdu par ta faute et la gloire et la liberté, et qui, pour unique vengeance, ne voulait que te devoir encore et la liberté et la gloire.

Ton premier acte, en touchant nos bords, fut de reconnaître la souveraineté du peuple; en entrant dans l'enceinte de nos cités, tu renouvellas tes promesses : et lorsque tu vis fuir devant toi l'héritier du trône royal, tu proclamas plus solennellement la liberté publique.

L'Europe effrayée de ton ascendant, de ton génie, se ligue ; une lutte sanglante va s'ouvrir; mais si tu le veux, nous dicterons encore des lois à l'Europe conjurée.

Pour te vaincre, elle te sépare de la nation ; c'est te révéler le secret de ta force et t'indiquer tes plus puissans moyens de défense. Nous ne pouvons rien sans toi : mais tu ne peux rien sans nous.

Oui, j'aime à le proclamer; c'est en toi que réside aujourd'hui essentiellement notre puissance ; idole des soldats, toi seul, tu peux, en supportant le poids des affaires publiques, diriger leurs mouvemens, commander à leur zèle, décupler, par ta présence, leur force, et sous ton aigle les ramener à la victoire. Premier capitaine du monde, étonne donc, si tu y es condamné, une seconde fois l'Europe de ton audace et de tes succès; prépare par tes triomphes sa régénération politique. En appelant les peuples à leur secours, en les précipitant sur notre patrie, les souverains leur ont révélés le secret de leurs forces; en se les partageant *par téte,* au congrès de Vienne, ils leur ont appris ce qu'ils auront à attendre de leur reconnaissance. Veux-tu te servir d'armes irrésistibles? Fonde notre liberté publique, notre bonheur; que la sagesse de nos institutions invite à nous imiter; règne par le peuple et pour le peuple; élève les lois plus haut que le trône, et bientôt ta dynastie sera la plus ancienne du Continent.

Telle est, nous aimons à le croire, ta noble ambition; mais qu'as-tu fait? Que fais-tu pour parvenir à ce but? Si l'appareil de la résistance, si le besoin d'inspirer une terreur salutaire à ces fanfarons de fidélité, si fragiles soutiens du trône royal, t'ont dicté tes décrets du 15 mars, ta marche triomphale devait nécessairement modifier tes idées. Cependant dès les premiers jours de ta nouvelle puissance, de fausses mesures, que ta sagesse a postérieure-

ment paralysées, ont semé l'épouvante et justifié les reproches de tes ennemis; une précipitation peu raisonnée et peu raisonnable a
appelé aux premières magistratures un grand
nombre d'individus qui, par faiblesse, te
trahiront, te trahissent déjà, peut-être; trop
accessible aux clameurs intéressées du parti
que menaçait plus particulièrement la vengeance royale, tu en as cependant négligé les
hommes les plus sûrs et les plus remarquables
par l'inflexibilité de leurs principes; tu laisses
à l'écart ces citoyens sages qui désavouent toute
espèce d'exagération; par une fatale générosité
tes bienfaits, les emplois, les honneurs sont
réservés à ceux dont les murs de Paris gardent
encore le honteux souvenir et les écrits furibonds.

A Dieu ne plaise que nous t'imputions à
crime des erreurs inséparables des premiers
momens! tes généreux projets se trahissent
dans tes discours journaliers. Tu veux le bien,
tu le cherches; mais presque les même hommes
t'environnent, et les mêmes piéges t'attendent.

Tu as offert une grande garantie à la nation
en appelant au ministère, et ce citoyen courageux, dont les habiles plans nous valurent nos

premiers succès militaires , et cet ami de la liberté qui t'a consacré ses talens refusés aux Bourbons; qui, au poste le plus périlleux, inspire tant de sécurité, qui ne veut agir que par les lois, lorsque presque toutes ses attributions sont des exceptions aux lois.

Mais ce n'est point assez que de leur avoir accordé ta confiance : ne ferme point l'oreille à leurs conseils. Ils sont intéressés autant que toi au maintien de ta puissance, qui leur garantit leur honneur, leurs principes et jusques à leur existence, comme elle doit garantir à la France entière cette liberté méritée par vingt-cinq ans de malheurs, et que déjà l'on craint de perdre une troisième fois.

O Napoléon! j'en appelle à ta loyauté : lorsque tu nous a promis une constitution libérale, nous réservais-tu , n'entendais-tu nous donner que ce décret modificateur des constitutions qui n'existent plus, qui ne peuvent plus exister?

Dans cette masse d'hommes éclairés que tu as appelée pour concourir au grand œuvre d'un pacte fondamental, il ne s'est donc pas trouvé un seul individu qui ait osé te dire que tu trompais nos espérances, que c'était un pacte nouveau dont la France avait besoin! Tu ne peux rien sans nous : nous ne te refusons ni nos trésors, ni notre sang ; mais le prix en doit être la liberté publique. Il n'est point encore trop tard, et toi-même as laissé les portes ouvertes au retour.

Des Constitutions.

Nous avons été trop long-temps condamnés aux sophismes de nos Lycurgues modernes pour ne pas être d'accord aujourd'hui sur la signification, la valeur des mots : aussi tous les bons esprits s'entendent pour convenir qu'un acte constitutionnel, en posant les bases de la délégation de la souveraineté, doit se borner à l'énonciation courte et claire des droits des parties contractantes, en renvoyant à des corps légalement institués les dispositions réglémentaires qui dérivent de l'acte constitutif.

Filles des passions, discutées, acceptées au milieu de nos troubles civils, nos premières constitutions ont toutes porté avec elles le germe de leur prochaine ruine, soit en laissant le pouvoir exécutif sans force, soit en consacrant les principe de l'oligarchie et de la démocratie. Une cruelle expérience a démontré jusques à l'évidence que la France, pour sa sûreté et sa

grandeur, devait adopter le système de la cen-
tralisation et de l'unité du pouvoir. Lorsque
l'Egypte rendit à nos vœux Napoléon, il était
l'unique dépositaire de la gloire nationale;
assez puissant pour en imposer aux factions,
assez grand déjà par lui-même pour n'être point
égaré par de fausses vues de grandeur. Malgré
les coupables efforts de quelques individus, le
pouvoir fut arraché au directoire; une constitution préparée par des commissions légalement instituées fut soumise à l'acceptation du
peuple, et devint la loi fondamentale de l'Etat.

Bientôt la reconnaissance publique fit une
magistrature à vie d'une magistrature temporaire, et d'une magistrature à vie une magistrature héréditaire. Le peuple adopta en assemblées primaires ces grands changemens, et la
division du pouvoir législatif en trois branches.
Mais l'Empereur fut trop puissant, le corps législatif trop faible, et le sénat trop infidèle à
son mandat. De besoins en besoins, de condescendance en condescendance, les constitutions
se multiplièrent; et par la force des choses,
et par celle des circonstances tous les ressorts
publics se brisèrent à la fois en 1814. Par les
ordres des ennemis, maîtres de la capitale, ô

honte! le sénat prononça la déchéance du souverain; le corps législatif, sans pouvoir pour concourir à cet acte, en prit volontairement la
responsabilité, et Napoléon lui-même, par le
traité du 11 avril, abdiqua, et échangea la
couronne impériale contre la souveraineté de
l'île d'Elbe. Une constitution, à jamais enta-
chée par la bassesse avec laquelle les constituans stipulèrent leurs intérêts, fut présentée à
l'acceptation de Louis XVIII, qu'elle appelait
au trône; et ce prince, dédaignant de la sanc-
tionner, l'octroya, comme un bienfait, par cette
ordonnance royale qui ne pouvait être un contrat synallagmatique.

De ces faits, il résulte une vérité mathéma-
tique; c'est qu'il n'existe pas de constitutions.
Quelques esprits timorés ont cru pouvoir en
tirer la conséquence que les droits de Napoléon
à la souveraineté avaient également cessé. Le
contrat qui en réglait l'exercice a été déchiré,
il est vrai; les corps, contrepoids du despo-
tisme n'existent plus; mais la délégation sub-
siste, sauf à en limiter la nature et l'étendue par
un nouvel acte constitutif, adopté au temps et
à la marche de la raison. L'abdication de Napoléon ne modifie en rien ce principe; libre,

elle eût été un hommage rendu à la souveraineté du peuple qui l'eût acceptée, sans le con-
sentement duquel l'Empereur n'a pu descendre
du trône : suite nécessaire de la trahison elle
est, elle doit être sans effet pour les Français.
Consentie par les plus nobles motifs, elle n'est
cependant que le résultat d'un traité entre les
vainqueurs et le héros malheureux. Les souverains de l'Europe dans leurs manifestes impru-
dens, nous en apprennent la valeur ; ils se plai-
gnent de la violation de ce traité en reconnais-
sant notre indépendance ; ils attaquent l'homme
en respectant nos droits. Est-ce donc au gré de
leurs passions, de leurs intérêts, que nous aban-
donnerions celui qui éleva si haut nos destinées,
qui seul, peut nous rendre notre rang dans le
monde politique, si l'épreuve du malheur lui
a révélé les bornes qu'il ne nous est pas permis
de franchir, et la mesure du secours qu'il peut
attendre de la nation qui, lasse de gloire,
n'aspire plus qu'au repos et à l'indépendance?
L'abdication de Napoléon eût-elle été acceptée
par le peuple français? elle ne pourrait dé-
truire les droits de son fils. L'Empereur régnant
n'est jamais que le dépositaire temporaire de la
souveraineté : elle a été déléguée par ordre de

primogéniture : c'est au peuple à qui elle ap-
partient, à en retirer l'exercice, et le peuple
français n'a jamais manifesté la volonté de re-
noncer à la dynastie qui peut seule être en harmonie avec des institutions nouvelles et l'intérêt de tous.

Napoléon s'est-il présenté à la tête d'une armée pour reconquérir ses droits? Le joug nous
est-il imposé? Que les réfugiés qui ont besoin
de s'abuser, que ceux que l'intérêt ou d'anti-
ques préjugés attachent à leur sort, que les
rois dont les passions s'irritent, méconnaissent
le mouvement national qui a reporté dans vingt
jours l'Empereur sur son trône; nous, témoins
intéressés de cette grande révolution, ferme-
rons-nous volontairement les yeux aux pro-
diges de sa marche triomphale? ouvrirons-
nous l'oreille aux calomnies qui accusent l'armée de révolte? Quoi! les peuples se précipi-
tent sur sa route pour la couvrir de fleurs; pas
un corps militaire n'hésite; les départemens fa-
natisés par la présence de quelques membres
de la famille royale, ne se présentent en armes
que pour être dissipés par le seul récit des pa-
piers publics et la connaissance vraie des évé-
nemens; et l'on voudrait et l'on tenterait de

méconnaître la légitimité des droits de l'Empereur ? les eût-ils perdus ? ce qui n'est pas,
ce qui ne peut être, l'on ne doit plus s'y
abuser ; la majorité, l'immense majorité de
la France s'est prononcée. Malheureux, presque seul, Napoléon s'est présenté, après dix
mois d'absence, digne de lui et de nous ; il
nous a parlé le langage qui nous convient ;
nos mains l'ont replacé sur le trône ; nos vœux
l'y maintiennent, et il réalisera toutes nos
espérances !

Mais quel est donc cette fatalité qui flétrit le
bonheur public dans son germe ? Le cœur de
Napoléon connaîtrait-il, pour la première fois,
la crainte, en mettant en doute ses droits, en ne
les exerçant point légalement ? ou ses conseillers auraient-ils eu une arrière pensée, en lui
suggérant ce décret modificateur des constitutions de l'Empire, qui n'est et dans la forme et
dans le fond, que l'ordonnance royale dé-
guisée ?

Nous sommes loin, cependant, de contester
la bonté et la force de ses dispositions. La souveraineté nationale y est reconnue ; la conservation de nos droits les plus chers franchement
énoncée ; mais si les paroles et les faits se con-

tredisent, quelle confiance peut-on raisonnablement nous inspirer? Est-ce à celui qui reconnaît tenir par la délégation du peuple, sa puissance, à prendre l'initiative, à poser lui-même les bornes salutaires qui la limiteront? Quel est donc cet ordre de choses où l'une des parties contractantes, la seule obligée, impose à l'autre ses volontés?

Assemblées primaires.

Nous savons qu'on a tenté de justifier par l'urgence des circonstances, la violation qu'on ne se dissimule pas des formes. Nous savons que l'Empereur lui-même a la noble conviction qu'il se lie sans obliger; mais son erreur est fatale, et l'opinion se prononce.

Quel est son but? De prouver tout ensemble à l'Europe qu'il est le chef de la nation, et à la nation qu'elle n'a plus rien à craindre de son chef.

Dans la première de ces hypothèses, la déclaration du peuple français, émise en assemblées primaires, que Napoléon n'a point cessé d'être Empereur, et qu'au besoin il est de rechef proclamé Empereur, démontrait à l'Europe l'union intime qui règne de fait entre les constituans et le constitué, et la force qui en résulte pour ce dernier.

Dans la seconde, il fallait encore soumettre au peuple, réuni en assemblées primaires, la nécessité d'une nouvelle constitution et le besoin de l'établir par des corps à créer provisoirement, dont l'Empereur pouvait avoir la proposition. La charte y eût été librement discutée par les représentans du peuple, librement consentie par le souverain, et postérieurement soumise à l'acceptation du peuple.

On pouvait objecter contre un pareil système le danger de réunir les assemblées primaires dans des momens où toutes les passions sont en fermentation, les longueurs qu'entraînait cette réunion, et enfin l'inconvénient des corps provisoires.

Sur la première de ces objections, il faut aborder franchement la question. Ou le peuple français est pour l'Empereur, et son adhésion alors sera positive et unanime, et de cette adhésion naîtra un esprit national; ou nous nous trompons, et Napoléon s'abuse sur la nature de ses droits : dès-lors nul fonds à faire sur le secours de l'opinion, qui seule maintient et les hommes et les choses. Ce n'est point ce que l'Empereur concède qui fait sa force, c'est ce qu'on lui accorde; il ne se relâche en rien de sa puissance, c'est la souveraineté elle-même qu'on lui cède à des conditions stipulées. Les Stuarts, les Bourbons attestent par leurs chûtes éclatantes la force de l'opinion publique; malheur aux souverains contre lesquels elle se forme, et dont elle mine les trônes ou sourdement ou avec courage!

Avoir craint la réunion des assemblées primaires, avoir hésité à les convoquer fut une erreur des conseillers de l'Empereur, ou une faiblesse de leur part. Napoléon a besoin, aux yeux de l'Europe, d'une grande force morale : c'était le seul moyen de l'acquérir. Si, après la bataille de Cannes, le sénat mit en vente le champ où campait Annibal, pourquoi les Français n'offriraient-ils pas au monde, armé contre lui, le spectacle d'un peuple délibérant, appuyé sur ses armes, les bases de la paix des nations ?

Les passions existent sans doute : dans les grands mouvemens politiques trop d'intérêts sont froissés pour ne pas faire naître quelques craintes; mais cette irritation des esprits elle-même est nécessaire à la liberté. Si c'est le con-

sentement de la nation qu'on demande, il faut
interroger la nation dans ses plus petites rami-
fications, former le faisceau de la volonté générale, et mépriser les vaines clameurs de l'intérêt et du désespoir.

Inviter les Français à inscrire leurs votes
chez les dépositaires publics, c'est tourner le
danger; il n'en existe pas moins : peut-être
la passion qui se tairait intimidée dans une
réunion, satisfera isolément à sa vengeance
par un vote négatif. Tous les Français d'ail-
leurs ne sont pas citoyens; le droit de voter
dans les assemblées primaires est toujours
précédé par la discussion des droits du votant,
et résulte de la part qu'il supporte des contri-
butions publiques.

La crainte des lenteurs de la réunion des assemblées est puérile et inconvenante : peu de
jours auraient suffi à leur formation; les pré-
sidens de canton sont presque partout nommés;
les préfets pouvaient suffire à remplir les va-
cances : la nécessité d'apporter un grand caractère d'authenticité aux actes du peuple au-
rait dû prévaloir contre la perte de quelques
heures.

Il paraîtra peut-être, au premier aspect ,

plus difficile de justifier la formation des corps provisoires. Mais nous n'avons plus ni sénat, ni corps législatif; la puissance exécutrice, par la force des circonstances, est seule appelée à une dictature temporaire : il est aussi déraisonnable de discuter le besoin et le pouvoir discrétionnaire du chef du gouvernement, que nécessaire de le borner promptement, qu'utile de donner une sanction légale aux secours que l'Empereur a le droit d'attendre des Français.

Ces corps provisoires n'auraient-ils pas eu le grand avantage, en régularisant l'action publique jusques au moment de la publication de la charte, d'être la pépinière des hommes d'Etat, l'arène où ils seraient descendus pour justifier d'avance ou le choix du souverain ou l'élection du peuple?

Il est trop tard, sans doute, aujourd'hui pour revenir sur les graves erreurs proposées au chef de l'Etat; qu'une discusion solennelle du moins s'ouvre, puisqu'il en est temps et que les constitutions peuvent être modifiées, sur les améliorations que commande impérieusement l'opinion publique.

Réunion des actes constitutifs en un seul code.

Un des reproches les plus fondés que l'on puisse adresser aux auteurs de la constitution, c'est de n'avoir pas réuni en un corps tous les actes constitutifs ; d'avoir négligé d'en prouver la coïncidence et l'harmonie ; d'avoir adopté le mot bisarre de modification pour la seule loi qui devrait être irrévocable, et par cela même, de laisser à nos successeurs le funeste droit d'altérer et d'anéantir tôt ou tard ce pacte social dont nous n'avons pu jouir encore, et que nous ne mettrions pas pour l'avenir hors de l'atteinte des passions et de l'intérêt.

Pairie. — Dangers de son hérédité.

Quelques amis timorés de la liberté ont vu avec peine l'hérédité de la pairie, et nous avouons franchement que nous partageons toutes leurs craintes. La raison qui a voulu l'indépendance du magistrat, l'a rendu inamovible, mais n'a point été au-delà. Si la pairie est une magistrature nationale, accordée pour d'éminens services, l'inamovibilité doit suffire pour son indépendance. Les pairs, placés entre la puissance exécutive et les délégués spéciaux de la nation, sont le contrepoids nécessaire de l'un et de l'autre pouvoir; si la majorité de cette chambre devenait dangereuse, le souverain a le noble droit d'en neutraliser l'esprit par l'admission de nouveaux membres. L'hérédité dévolue à leurs enfans, qu'oiqu'on ait voulu le prouver, ne donne aucune garantie de plus au trône, en dégrade peut-être la splendeur en leur faisant partager avec la famille impériale un privilége qui devrait être exclusif pour en être plus précieux. Dans aucun cas elle ne deviendrait une barrière plus puissante contre les entreprises de la chambre des députés, que la charte constitutionnelle qui donne au souverain le droit de la dissoudre, et par-là de faire un appel direct à la nation dont la volonté s'explique, ou par la confirmation ou par le renouvellement de ses mandataires. L'argument que l'on tire de l'exemple de l'Angleterre n'est que spécieux ; les pairs anglais sont tous d'institution féodale : en imitant, en anéantissant leur gothique puissance, la raison a indiqué aux fondateurs de la li-

berté anglaise, d'user avec eux de sages ména-
gemens ; mais si l'on a transigé avec les pairs
anglais, nous fondons les pairs français.

L'hérédité blesse les droits communs ; fait
dépendre du hasard l'investiture de la première
de nos magistratures ; limite même la puissance
du souverain qui, sobre dans la distribution
de ses graces, perd le droit résultant pour lui
de la mort de l'un des pairs ; détruit enfin dans
le fils, certain de la dignité paternelle, la noble
ambition de s'élever comme son auteur et par
les mêmes moyens, au faîte des honneurs.

Le plus puissant ressort de l'esprit public
est sans doute l'espoir d'obtenir les honneurs,
récompenses nationales ; si l'on ferme la porte
à l'espérance en instituant une chambre de pairs
héréditaires, et dès-lors presque toûjours com-
plète, on tue le germe de l'encouragement.

Chez nos voisins, la dignité de la pairie est
presque toûjours accompagnée d'une grande
fortune territoriale ; c'est moins à l'hérédité
qu'à l'influence du propriétaire sur les tenan-
ciers, que doit être attribuée l'indépendance
du pair anglais. La pureté de cette propriété
lui prête encore un nouveau degré de puissance. Nous ne pouvons jouir en France de

cet avantage. Les grandes fortunes ont disparu, toutes sont morcellées par notre législation; et nous ne pouvons pas espérer de prêter à la pairie l'appui d'une indépendance matérielle. Mais l'on pourrait déjà prévoir un pareil bienfait, et régler l'époque où une fortune déterminée sera la première condition pour faire partie de la chambre des pairs.

A qui doit appartenir, dans le moment actuel, leur nomination ? en quelle proportion doivent-ils entrer dans notre systême de législation ? Telles sont les questions qui se présentent naturellement.

Sur la quotité, la raison semble indiquer d'adopter pour *maximum*, un nombre égal à la moitié de celui de la chambre des députés.

Quant au droit d'élire, nous n'hésitons pas à le partager entre la nation et le souverain. Nous désirerions qu'une moitié de places fût toujours à la candidature des départemens, et que sur une liste triple de présentation, l'Empereur eût le droit de nomination; qu'en cas de vacance, il fût toujours pourvu dans le même mode aux pairies dévolues au peuple.

La sûreté et l'éclat du trône commandent de donner au souverain sans condition, le pouvoir d'appeler à la première de nos magistratures, un nombre de pairs équivalent à celui qui dériverait de l'exercice des droits du peuple.

Un tel système garantirait à coup sûr plus fortement, et le trône et la souveraineté nationale, que l'héridité qui crée des familles patriciennes, déjà funeste résultat de la fondation des majorats.

Magistrats municipaux à la nomination du peuple.

Par les constitutions de l'Empire, le peuple réuni en assemblées primaires, a un droit exclusif à la présentation de ses magistrats municipaux; mais ce droit a été complètement méconnu. Une disposition solennelle de la nouvelle charte eût dû prévenir et s'opposer pour toujours à la renaissance de cet abus.

Suppression de la confiscation.

La confiscation des biens dans la législation actuelle, suit presque toujours l'application de la peine capitale. Dans le système constitutionnel, les fautes doivent être personnelles :

une disposition positive de la charte doit donc anéantir la peine qui ne peut plus atteindre le coupable, et qui pèse sur sa famille désolée.

Suppression des colléges d'arrondissement.

Notre système électif est vicieux; par une inconséquence fatale à la chose publique, nulle condition d'éligibilité n'est imposée aux membres des colléges d'arrondissement, tandis que celle de la propriété l'est aux membres des colléges de département.

Si les lois ne sont établies que pour la conservation de l'ordre social ; si la propriété en est la base primitive et principale, les propriétaires sont les vrais intéressés au choix des mandataires du peuple ; ils doivent en être les seuls électeurs, sans être gênés par aucune condition dans le choix de l'éligible. L'adjonction des membres de la légion d'honneur, simples légionnaires, aux colléges d'arrondissement, lorsque les officiers se rattachent aux colléges des départemens, établit une différence choquante dans les membres d'un ordre dont l'égalité est le caractère constitutif.

Dissolution de la Chambre des Députés.

Le droit de dissoudre la chambre des députés est sans doute la seule garantie de la sûreté du souverain ; mais le long intervalle qui lui est donné pour provoquer la formation d'une nouvelle chambre, laisse trop long-temps la nation sans représentation directe.

Responsabilité des Ministres.

En soumettant les ministres à la responsabilité, a-t-on envisagé combien cette responsabilité devient illusoire, si le conseil d'Etat conserve son organisation actuelle, si, dans un acte de ce corps, le ministre accusé peut trouver une excuse, et se soustraire à la garantie constitutionnelle ? L'existence d'un ministre secrétaire d'Etat, chargé du contre-seing de tous les actes exécutifs, n'est-elle pas contraire également au libre exercice du pouvoir ministériel, qui doit être seul responsable de la proposition et de l'exécution des décrets impériaux ?

A qui doit appartenir l'initiative des lois ?

Le pouvoir exécutif se réserve l'initiative des lois : dans son intérêt, peut-être elle eût dû appartenir aux trois branches législatives.

Le plus grave de tous les dangers serait
de donner au chef de l'Etat le droit du *veto*.
Il rejeterait sur les chambres l'odieux des
lois, soit correctives soit fiscales, en se faisant
honneur d'accéder à toutes celles qui flatteraient
les passions, si ce malheur nous était réservé.
La saine justice prescrit donc de paralyser d'a-
vance l'horrible droit de calomnier le gouvernement, en ne lui permettant pas d'assumer
seul le danger des propositions.

Il est un autre point de vue politique sous
lequel il convient d'envisager également la
question de l'initiative. Les trois branches de
la législation seront, dans l'intérêt de la liberté
et dans certaines circonstances, jalouses de leur
indépendance réciproque. Si l'une des chambres, ou les deux chambres coalisées rejettent
la loi proposée à leur acceptation, sous quelle
forme devra-t-elle se reproduire? Quel sera le
laps de temps nécessaire pour qu'il soit permis
de la représenter? C'est dans la réciprocité des
droits à l'initiative que nous trouvons la solu-
tion de ces questions. Une loi est rarement
mauvaise dans son ensemble, jamais parfaite
dans ses détails. Les deux chambres n'useront
de leurs priviléges à l'initiative que dans des

cas d'urgence et pour des intérêts majeurs ;
tandis que le pouvoir exécutif, par la nature
même de ses attributions, sera sans cesse appelé
aux propositions générales et de détail. Il a
donc un intérêt réel à ne point se dépopulari-
ser par des refus successifs, et à se ménager à
lui-même le droit du refus.

Nous touchons enfin au plus grave des reproches faits au décret modificateur, alors qu'il
appelle l'armée à la discussion des droits politiques.

Force armée.

A Dieu ne plaise que ce soit notre main qui
touche aux lauriers des braves ! Notre admira-
tion, notre respect les ont suivis sur les champs
de bataille de Marengo, d'Ulm, d'Austerlitz,
d'Jéna, de Dresde ; notre juste reconnaissance
les paie du noble accueil qui a répondu aux
espérances du héros rendu à la patrie, de cet
accueil qui honore également, et le chef qui
sait exciter un si puissant enthousiasme, et les
guerriers qui l'ont si courageusement manifesté. Que, dans une circonstance unique,
une grande récompense soit le prix de leur
fidélité : qu'ils délibèrent avec nous sur le

pacte fondamental ; mais que ce soit pour la dernière fois que les qualités de soldat et de citoyen se confondent. Notre armée est nationale ; la dette de la patrie est la première que notre vaillante jeunesse doit acquitter : elle doit d'abord se former dans les camps à la dépendance, y prendre l'habitude de la plus minutieuse obéissance ; et concourir au maintien de notre gloire militaire par un dévouement passif aux ordres de chefs éprouvés et fidèles. Plus tard, quitte de ses devoirs, elle délibérera et discutera avec nous, en exerçant les droits de citoyens. L'armée en masse, sans danger pour la liberté, ne peut être appelée à des délibérations : César, qui renversa la république par la force des armes, punissait ses légionnaires révoltés en les appelant *citoyens*. Pour des Français sages, fidèles à leur souverain, dévoués à leur patrie, ce titre est le premier de tous. Nos braves verront sans inquiétude, sans mécontentement, que nous en conservions la dignité, en réclamant le droit exclusif de veiller au maintien de la chose publique, lorsqu'ils la défendront sur la frontière. Une disposition constitutionnelle doit donc régler dans leur intérêt et dans le nôtre ce principe.

Nous avons parcouru succinctement les reproches faits au décret modificateur, les améliorations dont il paraît susceptible ; loin de
notre volonté l'idée de porter atteinte aux
droits de l'Empereur ; même dans les erreurs
de ses conseillers, nous retrouvons la plénitude
de son amour pour son peuple, du respect
qu'il professe pour ses droits. Mais en rendant
un grand hommage à la liberté de la presse,
en adressant au souverain notre appel respec-
tueux à l'entière exécution de ses promesses,
nous nous élevons contre cette précipitation
qui semble nous faire perdre tout à la fois et
le fruit de l'expérience, et la circonstance fa-
vorable où se trouve placé le peuple français
pour revendiquer et poser ses droits. En dis-
cutant les libertés publiques, nous fondons
plus solidement, s'il est possible, le trône impérial : nous ajoutons à son éclat. Des rois ont
été imposés aux nations par la force des armes.
Napoléon n'a dû et ne doit sa puissance qu'à ses
qualités héroïques. Vainement quelques amis
des institutions féodales veulent nous ramener
aux siècles de barbarie : les honneurs, la puissance, les rangs, les biens même des classes
privilégiées appartiennent sans retour à ce tiers-

état si long-temps dédaigné. La nation presque toute entière est complice de ce qu'ils appèlent l'usurpation. La saine raison en a démontré la futilité de leurs prétentions, la politique les a punis de leur imprudente résistance. La raison ne rétrograde jamais, et l'intérêt de tous prévaudra. Les idées libérales ont renversé le trône royal ; vainement l'Europe se ligue ; c'est au milieu de la conflagration générale, que nous discuterons les bases pacifiques de notre système futur. Le souverain veut notre bonheur ; la nation le fondera. Quelques inquiétudes habilement exagérées se dissiperont : ce ne sera point en vain que nous aurons fait un appel aux promesses de l'Empereur.

Si, sans le savoir, et surtout sans le vouloir, la liberté de nos censures et nos indiscrètes leçons pouvaient déplaire aux conseillers de notre auguste souverain, en nous repliant sur notre cœur, nous y trouvons l'amour de la patrie ; notre dévouement égale le prix que nous mettons à l'honneur du nom français ; le denier de la veuve fut aussi un tribut. Si de grands noms nous commandaient plus de réserve ; si nos observations, nos craintes sont sans fondement, en manifestant avec courage, avec franchise nos pensées, du moins nous aurons rempli le devoir d'un français.

Nous livrions ces observations à l'impression, et déjà la sagesse de l'Empereur convoquait cette assemblée sur laquelle vont reposer les destinées de la France et de l'Europe. Puisse-t-elle répondre à nos espérances, et offrir aux souverains ligués contre nous cette garantie morale qu'ils affectent de méconnaître dans notre chef.

Imprimerie de BÉRAUD, faubourg St.-Martin, n°. 70.

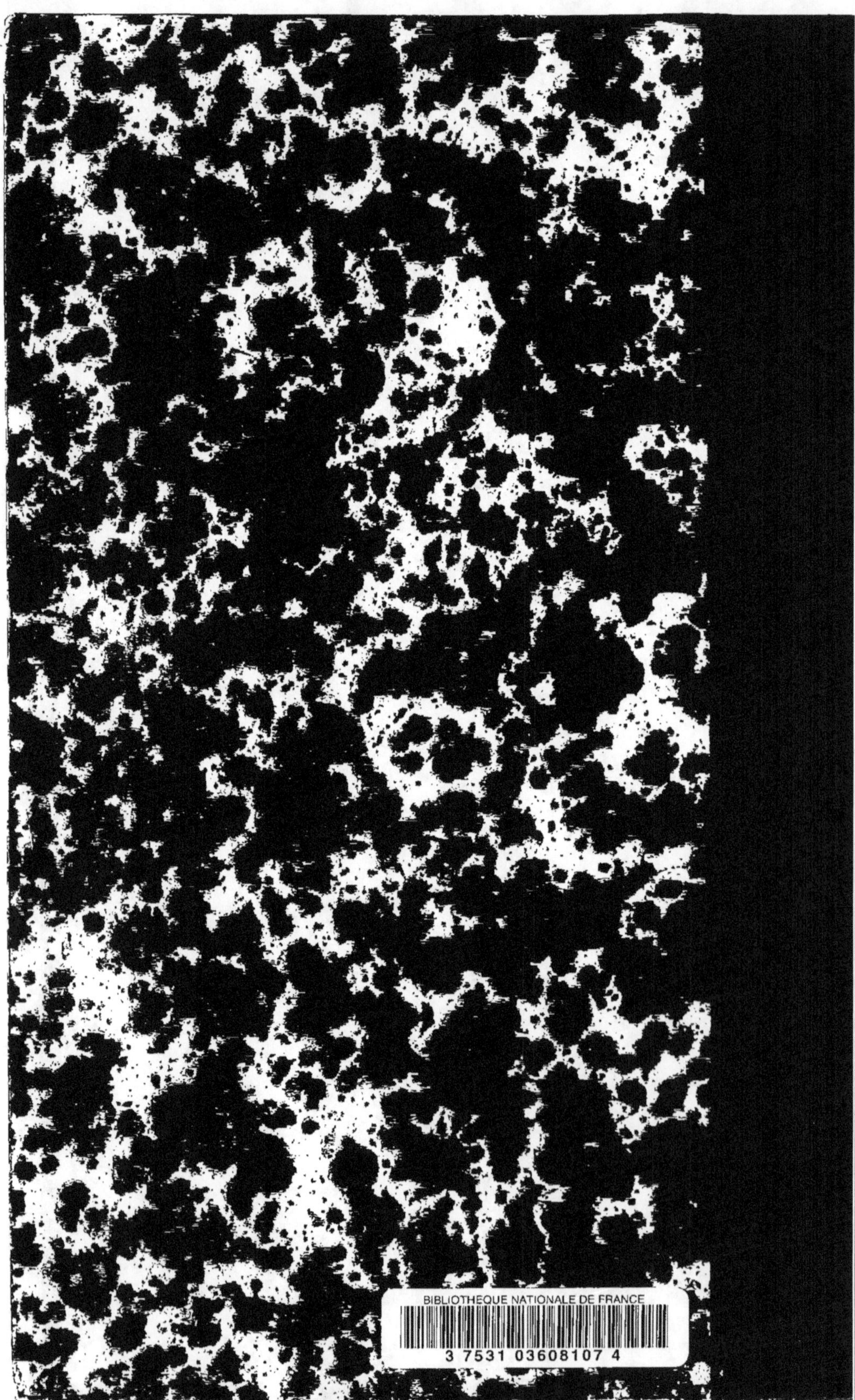

www.ingramcontent.com/pod-product-compliance
Lightning Source LLC
Chambersburg PA
CBHW051316060726
47596CB00004B/1343